AF395304

OBSERVATIONS

SUR

L'EMPRUNT

DE CENT MILLIONS

Proposé par le Conseil des Cinq-Cents

L ES bases adoptées par le conseil des cinq-cents pour asseoir cet emprunt, présentent des difficultés incalculables : il est bien à craindre que cette mesure, de laquelle dépend le salut de la patrie, venant à échouer, ne rende toute autre ressource impraticable.

Les contributions, que l'on prend pour mesure des taxes, sont généralement mal réparties : il existe une foule de réclamations sur lesquelles les auto-

A

rités n'ont point encore statué ; les mêmes réclamations vont s'élever encore, avec bien plus de force, pour une taxe bien plus onéreuse , et ce sont autant d'entraves qui arrêteront le versement.

Il seroit bien affligeant pour le gouvernement d'être obligé de recourir à des moyens violens pour arriver à son but : il doit , autant que possible, n'employer pour véhicule, que la force de la raison et de la persuasion. Qu'il seroit consolant pour les vrais amis de la République de n'avoir à invoquer, dans ces momens critiques, que le seul amour de la patrie ! Mais il n'est que trop évidemment démontré, que ce n'est pas chez les vrais républicains, que se trouvent les ressources financières de l'Etat.

En matière de finance, la loi la plus sage est celle qui ne laisse aucune ouverture à la fraude, et déjà, sur la simple émission du projet, la loi est éludée à Paris. Les indices de l'opulence ont disparu, les caisses sont fermées, l'industrie est paralysée, et chaque contribuable se propose bien de se soustraire, par tous les moyens possibles, à la taxe qui lui sera imposée. Si l'autorité veut insister, les cris à l'oppression vont se faire entendre de toutes parts, et l'énormité des sommes demandées semblera les justifier.

Ces plaintes du contribuable, seront répétées par la classe précieuse du peuple, qui ne vit que de son travail et de son industrie, parce qu'elle va se trouver privée de cette ressource. En effet, le premier soin du législateur qui médite un projet d'emprunt ou de contribution, est de porter ses regards sur l'industrie, et de calculer les effets que doit produire sur cette partie essentielle de l'économie politique, la loi qu'il veut rendre. Si l'industrie en doit souffrir, la loi est évidemment mauvaise, car un gouvernement populaire doit tout sacrifier au plus grand nombre.

La commission du conseil des cinq-cents ne paroît pas avoir suffisamment réfléchi sur les effets que produira sur l'industrie son projet d'emprunt, autrement elle eût été arrêtée, à l'aspect de cette foule d'ouvriers de toute espèce, qui va se trouver sans travail et sans pain, parce qu'elle ne se soutient que par le luxe, dont on arrête les effets, en l'attaquant dans toutes ses parties.

On ne peut se dissimuler une très-grande vérité, c'est que depuis que nous sommes en guerre, la nation n'a vécu que sur elle-même. L'anéantissement du commerce extérieur a fait cesser toutes espèce d'exportation, tant des productions du sol, que des manufactures. Une nation dont le commerce est concentré dans ses limites, peut être comparée à un individu qui, privé de ses

revenus , ne vit que sur ses capitaux.
Depuis dix ans , l'industrie en France
ne s'est soutenue que par le luxe inté-
rieur ; sans cette réflexion consolante
pour l'homme qui réfléchit , ces fortunes colossales , acquises aux dépens
du trésor public, seroient-elles donc to-
lérables ? Qui pourroit supporter leur
accroissement monstrueux , si elles
étoient inamovibles dans les mains de
leurs possesseurs ? Le luxe et les jouis-
sances sont les canaux par lesquelles ces
fortunes s'écoulent et se disséminent dans
la société et alimentent la classe de ci-
toyens qui vit de son travail ; si le luxe
est pris pour base de la taxe, on le verra
disparoître. Les rapports qui existent
entre l'ouvrier qui travaille et le riche
qui paye , sont arrêtés , les canaux de
la circulation sont fermés, et les fortunes
restent inactives dans les mains de leurs
égoïstes possesseurs ; peut être par la force, la violence ou la crainte, en arrachera-

t-on une portion qui soulagera momenta-
nément le trésor public ; mais avant que
ces sommes soient de nouveau dissémi-
nées, l'industrie aura souffert des maux
incalculables.

Le mode d'emprunt le plus sagement
combiné est donc celui qui s'effectuera
sans porter atteinte à l'industrie ; c'est celui qui ne laissera appercevoir qu'un lé-
ger sacrifice fait à la patrie menacée ; qui
ne laissera voir au contribuable, dans la
somme qui lui est demandée, qu'un ser-
vice nécessaire, et non une peine infligée
à son luxe, ou une amende imposée soit
à sa qualité, soit à la position souvent in-
volontaire dans laquelle il se trouve.

Il semble qu'il seroit convenable de ne
point rappeler dans une loi de l'espèce
ue celle dont il s'agit, des qualifications
qui n'existent plus ; c'est donner à cette
loi une teinte révolutionnaire, toujours
destructive de la confiance. Celui qui su-
bit la loi commune, s'y soumet avec ré-

signation ; mais il souffre impatiemment une exception que souvent il n'a pas méritée, qui l'humilie ou le ruine.

Voici les bases qu'on ose soumettre aux lumieres des législateurs.

Diviser les prêteurs en quatre classes.

La première composée des propriétaires ruraux ;

La deuxième des propriétaires de maisons de ville ;

La troisième des banquiers ;

La quatrième des négocians, ce qui comprend les fournisseurs.

La première seroit imposée à *tant* par hectare, sans distinction de qualité de terrain, en exceptant seulement ceux qui n'ont que trois hectares. 2 fr. par chaque hectare, produiroient dans toute l'étendue de la république une somme immense. Le calcul est facile à faire : on sait à-peu-près la quantité d'hectares que contient le territoire de la république.

Cette opération peut être terminée

dans l'intervalle de deux décades, en chargeant l'agent de chaque commune de recevoir la déclaration soit des propriétaires, soit des fermiers. Le premier payement se feroit le lendemain de la déclaration entre les mains du receveur des contributions. Les fermiers seroient tenus de faire l'avance. La fraude est impraticable, parce que les matrices des rôles sont là.

Le même mode d'exécution auroit lieu pour les propriétaires de maisons dans les villes, et chaque maison seroit imposée à raison de *tant* pour cent de son produit.

Dans les grandes communes, les administrations municipales seroient autorisées à nommer des commissaires qui se partageroient les rues, et procéderoient par ordre de numéro. On chargeroit également les locataires de faire l'avance, à compte sur le prix de leur location dans la proportion de leur loyer.

Les propriétaires qui occupent par

eux-mêmes seroient tenus de donner une évaluation à leurs maisons, sauf à reviser, en cas de fraude.

Les troisième et quatrième classes seroient imposées en masse, c'est-à-dire, que la loi imposeroit les banquiers et négociants de chaque grande commune à une somme qui seroit déterminée suivant que la banque et le négoce y sont plus ou moins florissants. L'administration centrale seroit autorisée à choisir et nommer douze commissaires dans l'une et l'autre classe, lesquels, en présence des commissaires du directoire, seroient chargés de faire la répartition.

Il faudroit excepter les marchands détaillants dont les ressources sont en général peu importantes.

L'emprunt réparti de cette manière seroit beaucoup moins onéreux, et d'une exécution plus facile. Les moyens coërcitifs seroient inutiles, parce que les taxes seroient supportables. On ne verroit pas des cottes de 40 et 50 mille francs, qui sont toujours effrayantes, et dont le recouvrement ne peut se faire qu'avec le secours de la violence.

Ce mode ne porteroit aucune atteinte à l'industrie, parce que le luxe, son unique ressource, ne seroit point anéanti.

Ces réflexions sont celles d'un bon citoyen : puissent-elles être utiles à la patrie, et concourir à sa prospérité !

On observe que le remboursement de l'emprunt, réparti de cette manière, pourroit être différé jusqu'à la paix, époque à laquelle on pourroit recevoir en payement des contributions, les bons qui seront délivrés.

Nota. La rapidité avec laquelle ce travail a été fait, doit en faire excuser les incorrections.

JULES.

De l'imprimerie de PORTHMANN, rue des Moulins, n°. 546.

9 782019 276638